I0070392

ENSEIGNEMENT MORAL

Épreuve

LA

LOI SOCIALE

DE L'AVENIR

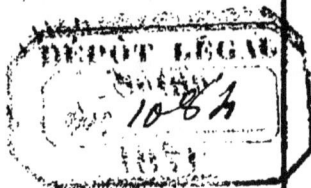
DÉPÔT LÉGAL

1084

PARIS

ASSOCIATION GÉNÉRALE TYPOGRAPHIQUE

19, rue du Faubourg-Saint-Denis, 19

—

1871

LA LOI SOCIALE DE L'AVENIR

Tu me demandes, Servus, quelle doit être ta conduite dans cette grande agitation sociale qui tient attentifs ennemis et amis, les uns craignant la destruction violente de ce qui est, les autres tournant des regards avides vers un monde nouveau, qu'ils voient déjà surgir des ruines du passé.

Avant de te décider, étudie. Rends-toi compte de ce que tu es dans le monde, de ce que sont tes semblables unis à toi par un lien social ; fais mieux, demande-toi pourquoi tu es en société ; recherche les lois de ta destinée sur le globe, et quand tu auras suffisamment réfléchi sur ces questions, tu prendras le parti que te dictera ta raison.

Puisque tu désires que je t'aide dans ce travail intellectuel, nouveau pour toi, je vais poser quelques jalons.

I.

L'HOMME, L'HUMANITÉ ET LA SOCIÉTÉ.
DROITS ET DEVOIRS.

L'homme isolé est incapable de suffire à ses besoins. Abandonné à lui-même, il meurt dans la misère physique, ou maladie, qui tue son corps ; dans la misère morale, ou égoïsme, qui tue son âme ; dans la misère intellectuelle, ou ignorance, qui tue son intelligence, son esprit

2 Les hommes, ayant besoin les uns des autres, se mettent en société, afin que, chacun accomplissant sa tâche dans le travail commun, ait le droit de puiser, proportionnellement à son apport, dans la richesse collective produite par le travail de tous.

3 Il doit y avoir équilibre ou balance exacte entre la production de chacun, qui est son *avoir*, d'où dérive son DROIT, et sa consommation, qui est son *doit*, d'où dérive son DEVOIR.

4 Le travail seul donne un droit. Il n'y a nul droit pour l'oisif. « Celui qui ne travaille pas ne doit pas manger, » a dit saint Paul.

5 Si l'oisiveté est la mère de tous les vices, c'est assez dire qu'elle doit être détruite par tous les moyens, et qu'en agissant ainsi on fera œuvre sainte.

6 Tout droit dérive d'un travail accompli et accepté par la

société. Il n'y a pas de droits sans devoirs corrélatifs, et, réciproquement, il n'y a pas de devoirs sans droits qui leur fassent équilibre.

7 Tout homme recevant en échange de son travail les produits divers du travail fait par tous, en y comprenant les générations qui ne sont plus, reçoit plus qu'il ne donne, puisqu'en échange de son travail personnel il reçoit celui de l'humanité tout entière, travail commencé par les générations qui ne sont plus et continué par la génération présente à laquelle tu appartiens.

8 Nous mourons donc débiteurs insolvables envers la société, et c'est pourquoi le devoir de chacun de nous est supérieur à son droit.

9 Et parce que nous sommes des débiteurs insolvables, donnant un pour recevoir un milliard, cent milliards peut-être, et plus, nous devons, par un travail incessant, nous efforcer de diminuer notre déficit.

10 Si l'homme amoindrit ses facultés par la débauche, ou s'il refuse le travail, et si, agissant de la sorte, il diminue volontairement sa production, il n'est plus seulement un débiteur insolvable et de bonne foi, mais bien un banqueroutier frauduleux qui mérite châtiment.

11 L'humanité, comme une bonne mère, nous donne un milliard et reçoit un ; elle nous enveloppe, nous protége de toutes parts. Nous sommes en elle, nous vivons par elle : nous devons vivre pour elle.

12 L'homme est dans l'humanité, comme l'humanité est en Dieu. Il faut appliquer à l'humanité, comme corps collectif, ce mot de saint Paul : « Nous sommes en Dieu ; en lui nous nous mouvons et nous vivons. »

13 L'humanité est notre providence sur le globe, providence visible et toujours agissante. C'est pourquoi l'amour de l'humanité est le dogme suprême de la religion au point de vue terrestre.

14 Pour mesurer la moralité de chacune de nos actions, nous devons les considérer au double point de vue de notre intérêt particulier et de l'intérêt social.

15 Si une action, avantageuse à son auteur, nuit à la société en général ou à un de ses membres en particulier, elle est mauvaise et mérite répression ; si elle est à la fois utile à son auteur et à la société, elle est bonne et licite ; si enfin, défavorable à son auteur, elle est utile à la société ou à un de ses membres, c'est un acte de dévouement qui procure à son au-

teur les joies ineffables d'une conscience satisfaite et lui mérite la reconnaissance de ses semblables.

16 Afin d'obtenir le maximum de production, et pour élever l'homme et la société au maximum de dignité personnelle et collective, la société a le devoir de développer dans toute leur énergie les forces physiques, morales et intellectuelles de chacun de ses membres par l'éducation ou gymnastique intégrale de toutes ses facultés.

17 Si un homme ou une classe dans la société maintiennent dans l'ignorance un autre homme ou une autre classe, il y a exploitation, c'est-à-dire vol pratiqué aux dépens de ceux dont on a arrêté le développement intégral.

Ainsi fit-on dans les siècles barbares; ainsi fait-on encore aujourd'hui partout où l'on maintient l'institution de l'esclavage. La guerre de sécession aux Etats-Unis et celles qui se préparent dans les autres pays à esclaves prouvent qu'il n'est pas de droit contre le droit, et que le jour de la revendication arrive à son heure, portant avec lui le châtiment que mérite toute révolte contre la justice.

18 L'ignorant, c'est-à-dire celui qui est aveugle intellectuellement, est esclave de celui qui sait, c'est-à-dire qui voit. Est libre seulement celui dont toutes les facultés ont été soumises à la gymnastique intégrale.

19 Maintenir un homme dans l'ignorance ou cécité intellectuelle est plus coupable que de lui crever les yeux.

20 Aime ta famille, mais n'oublie pas que tu appartiens à une famille d'ordre supérieur qui a nom : l'Humanité.

Ingrat envers l'humanité, à qui tu dois tout, tu t'exposerais au châtiment dû aux fils ingrats et aux parricides.

21 Celui qui bâtit sa fortune en prélevant quoi que ce soit sur l'avoir ou le salaire d'autrui, se rend coupable du crime de lèse-humanité.

Il n'est pas un crime plus grand que celui-là.

22 Toute balance a deux plateaux. Si tu te places sur l'un, n'oublie pas que l'humanité est sur l'autre, et que si tu pèses du poids de tes droits, l'humanité pèse de tout le poids des siens, qui sont représentés par tes devoirs envers elle.

Quoi que tu fasses, ton poids sera toujours bien léger.

23. Et pour que tu comprennes dans toute leur étendue tes devoirs, qui sont mesurés par tout ce que l'humanité a fait pour toi, imagine par la pensée

qu'elle vienne à te manquer, que tu sois seul sur la terre. Que seras-tu ? Le plus pauvre, le plus dénué, le plus impuissant des êtres de la création. Nu, mourant de faim, tu seras réduit à disputer aux bêtes fauves la caverne où elles se réfugient, et tu auras ce qu'elles n'ont pas, la terreur de l'inconnu, l'inquiétude du lendemain, le sentiment désespéré de ta faiblesse.

Tel sera le résultat de ton isolement.

Dans cette supposition, tu comprends facilement que tu dois tout à l'humanité et que tu ne vis que par elle, comme la feuille vit par l'arbre sur lequel elle est implantée,

Suppose, au contraire que tu viennes à lui manquer, ce sera une perte pour elle, mais une perte à peine sentie, à moins que tu ne t'appelles Socrate, Newton, Descartes ou James Watt.

En quoi le chêne est-il diminué par une feuille qui tombe, si surtout une autre la remplace!

II.

SOLIDARITÉ.

La vie de l'homme est divisée en trois parties :

1r L'enfance et l'adolescence;

2o L'âge viril t

3o La vieillesse et la caducité, ou seconde enfance, enfance inverse,

2 Dans la première enfance, celle qui suit la naissance, l'homme, incapable de suffire à ses besoins, est entretenu par sa famille et par la société, comprenant l'humanité tout entière, qui est la grande famille, la famille à la deuxième puissance.

3 Consommateur sans produire, il devient le débiteur de ceux qui l'ont soutenu, c'est-à-dire de sa famille et de la société.

4. Adolescent, il peut déjà suffire à ses besoins, mais il n'est pas encore en état de payer sa dette familiale et sociale.

5 Arrivé à l'âge viril, l'homme, s'il veut travailler, en employant toute sa puissance corporelle et intellectuelle, produit plus qu'il ne consomme. C'est pour lui le moment d'éteindre par cet excès de production les dettes du passé, et de se préparer un avoir, c'est-à-dire le droit d'être soutenu au temps plus ou moins prochain où il ne pourra plus produire.

6. Entré dans la première période de la vieillesse, qui correspond en mode inverse à l'adolescence, il suffit encore plus ou moins complétement à ses besoins.

7. Enfin, lorsque, après une carrière plus ou moins longue, il a atteint la caducité, ou seconde enfance, enfance inverse, alors il tombe à la charge de ses décendants, de ceux qu'il a nourris

quand ils étaient jeunes, et, en même temps, à la charge de la société qui lui tient compte des droits qu'il s'est acquis pendant une virilité laborieuse. Il n'est pas un *oisif*, mais un *reposant*.

8. Tu le vois, Servus, dans ton enfance tu n'es pas devenu seulement le débiteur de ta famille; tu es, avant tout, le débiteur de l'humanité tout entière. Ta famille n'a presque rien fait si on compare son action à celle de la société, dans laquelle elle n'est qu'un atome.

9. Est-ce ton père, est-ce ta mère qui ont construit la maison sous laquelle tu t'abrites, qui ont tissé les vêtements dont tu te couvres, qui ont fait croître le blé, le riz, les végétaux divers dont tu te nourris, qui ont inventé les instruments de travail dont tu te sers, qui ont créé ces puissantes machines dont l'action t'épargne la fatigue et centuple ta puissance? Sont-ils les inventeurs de la locomotive, espèce de cheval métallique qui mange le charbon et court rapide comme la foudre sur cette route où tu te traînais avec la lenteur de l'escargot; de l'imprimerie qui multiplie à millions d'exemplaires et jette aux quatre vents du ciel l'expression de ta pensée; du télégraphe électrique, qui t'a fait triompher de ces deux grands ennemis de tout être fini, le

temps et l'espace? Non. Ton père et ta mère, livrés à leurs propres forces, auraient fait de toi un sauvage couché dans une grotte humide, vêtu de quelque peau de bête, et nourri des racines racines amères qu'ils auraient extraites de la terre avec leurs ongles.

10. Si donc tu manges du pain, si tu te nourris de viande et de légumes savoureux, si tu soutiens tes forces en buvant un vin généreux, si tu est vêtu chaudement en hiver, et si le feu qui brille dans ton foyer te réjouit par son éclat et te défend contre le froid et l'humidité, tu dois tous ces biens, non à l'action impuissante de ton père et de ta mère, mais bien au travail continu de l'humanité tout entière, passée et présente.

11. Aime donc ton père et ta mère comme toi-même, et l'humanité, ta grand'mère, par dessus toutes choses, car elle est la pourvoyeuse universelle; elle est le travailleur infatigable, le travailleur qui ne connaît pas le jour du repos; elle est la providence terrestre chargée, à ton bénéfice personnel, du gouvernement et de l'exploitation de la planète qui est son domaine.

12 Les hommes, quelles que soient leur couleur et leur religion, accomplissent un acte de fraternité par l'échange de leurs

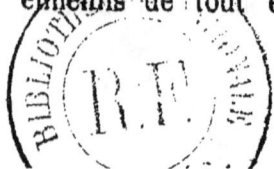

BIBLIOTHÈQUE R.F.

produits. Vois donc en eux des frères et jamais des ennemis. Celui qui a travaillé pour te nourrir est ton ami, quoique ne te connaissant pas personnellement est séparé de toi par des milliers de lieues.

13 Tels sont, Servus, les principes de la grande morale, de ce le qui fait les âmes fortes. Etudie-la, et, quand tu te la seras assimilée au point qu'elle soit devenue une partie intégrante de toi-même, alors seulement tu seras un homme, alors tu seras digne de revendiquer ton affranchissement.

14 Mais s'il reste en toi du vieil homme, si tu rêves ta libération personnelle en laissant tes frères dans la détresse et même en tirant parti de leur infériorité, ne viens pas avec nous. Ta place est avec ceux qui disent : « Tout le monde ne peut pas être heureux. Il faut des pauvres pour qu'il y ait des riches. Si tout le monde était riche, personne ne le serait. Le malheur des uns fait le bonheur des autres. »

15 Comment sortir du chaos social, comment arriver à l'affranchissement collectif ?

16 *Divise et tu règneras*, a dit Machiavel, résumant dans cet axiome la théorie au moyen de laquelle, depuis le commencement des âges, un petit nombre d'habiles maintenaient sous leur dépendance les masses ignorantes de leurs droits et portant à peu près seules le fardeau des charges sociales.

17 *L'union fait la force*, a répondu la Révolution de 89, résumant toute la loi dans cette maxime et sonnant enfin l'heure de l'affranchissement universel.

18 Les travailleurs, devenus citoyens, s'unirent et formèrent ces armées enthousiastes qui couvrirent nos frontières attaquées par les privilégiés du monde entier que *la Marseillaise* avait réveillés en sursaut de leur sommeil séculaire.

L'union fit leur force.

19 Mais les soldats pacifiques de l'armée de production n'imitèrent pas leurs frères du champ de bataille. Ils restèrent à l'état de clans indisciplinés et insolidaires, comme sont les Bédouins du désert, comme les bachi-bouzoucks de la Turquie, comme les Tartares qui promènent leurs bandes vagabondes dans les plaines de l'Asie centrale.

20 C'est pourquoi, dès le lendemain de 89, une nouvelle féodalité s'organisa, qui remplaça l'ancienne. Elle portait une triple tête sur un seul corps, comme autrefois le chien symbolique qui gardait les portes de l'enfer païen ; on l'appela : *la féodalité banquière, mercantile et industrielle.*

21 Sa croissance fut instantanée, comme celle des champignons vénéneux qui naissent et acquièrent en une seule nuit tout leur développement.

22 C'était un polype gigantesque, une espèce de pieuvre enlaçant dans ses mille bras le corps social tout entier et l'épuisant par une succion immense, non interrompue et toujours inassouvie.

23 C'était un vampire qui, désormais maître de sa victoire, ne se donnait plus la peine de l'endormir pour lui sucer le sang.

24 Son installation sinistre consacra le triomphe définif de la matière solidarisée sur les travailleurs désunis.

25 Ainsi, parce que nos pères, ces rudes ouvriers de 89, n'appliquèrent l'union qu'aux faits politiques, l'ennemi rentra dans la place par la brèche de l'économie sociale.

26 Et cette grande génération, dont quelques membres vivent encore, et qui croyait avoir conquis la liberté pour ses descendants, voit, avant de descendre dans la tombe, ses enfants, espèce d'esclaves sans maîtres, se débattre dans cet enfer terrestre qui s'appelle le prolétariat.

27 Et cependant l'écueil sur lequel devait échouer le vaisseau de la Révolution, avait été signalé par des prophètes dont la voix se perdit dans le tumulte de la tempête.

Ces prophètes, qui sont Saint-Simon, Fourier, Cabet, Owen, Proudhon et autres, nous annoncent des malheurs nouveaux, si nous continuons les erreurs économiques de nos pères, complètement ignorants des lois de la sience sociale.

28. C'est qu'en effet un principe est entier et ne se divise pas. Il marche à travers les faits sans que rien puisse l'arrêter, développant autour de lui toutes ses conséquences, bonnes ou mauvaises.

29. C'est pourquoi l'union sur le champ du travail aura le même résultat que l'union snr le champ de bataille. Les soldats du travail productif triompheront par l'union, comme leurs frères, mais à la condition qu'elle sera complète et protégera chacun, du jour de la naissance à celui où il s'endort pour se réveiller à la lumière d'un nouveau soleil.

30. Or l'union ainsi comprise s'appelle la SOLIDARITÉ. A elle de précipiter de son autel la matière divinisée; à elle d'inaugurer sur la planète le règne de la justice et de faire ainsi respecter les droits imprescriptibles que chaque homme apporte en naissant.

31. N'aie pas d'éblouissements, Servus. Tout ce que je

t'annonce sera, si toi et tes frères vous suivez exactement le programme que je vais dérouler devant toi.

32. N'oublie pas, surtout, que la société la plus parfaite est celle où il y a le moins d'oisifs et que, dans la société idéale que tu dois réaliser, il n'y en aura pas un seul. La libération de l'homme est à cette condition. Le droit à l'oisiveté implique la nécessité de l'esclavage.

III.

THÉORIE DE LA COOPÉRATION.

Le travail et l'impôt.

Autrefois l'impôt portait le nom de tribut. Il était un prélèvement fait par le plus fort sur le plus faible, qu'il avait soumis et auquel il accordait la vie moyennant rachat pécuniaire ou en nature.

2. Le travail était un châtiment et une honte.

3. Le travailleur vaincu nourrissait le vainqueur, qui aurait cru déchoir en faisant œuvre de ses doigts.

4. Le travail, œuvre servile, était méprisé. L'esclave, assimilé à la bête de somme, était une chose, une espèce d'animal procréant des petits dont le sort devait être la continuation de son ignominie et de sa servitude.

5. Aujourd'hui, la lumière s'est faite. Il n'y a plus dans les pays civilisés ni vaincus ni vainqueurs, ni esclaves ni maîtres. Il y a des citoyens théoriquement égaux devant la loi.

6. Aujourd'hui, le travail n'est plus une honte, mais un honneur, une gloire. Il est un devoir, et, en même temps, un droit.

7. En creusant pour chercher les fondements de la société, on y trouve pour base le travail. Il est la pierre sur laquelle la société est assise, et jamais, à l'avenir, l'oisiveté, sous quelque nom qu'elle se déguise, ne prévaudra contre lui.

8. La force antique, qui se traduisait en droit à l'oisiveté, est définitivement vaincue. La force n'a plus de droit. Elle est redevenue ce qu'elle a toujours été, une faculté physique qui nous rapproche des animaux, supérieurs à nous en ce point.

9. Le bon sens dit que le plus fort, au lieu d'avoir droit à l'oisiveté, a le devoir de plus travailler, puisqu'il peut le faire avec moins de fatigue.

10. Force oblige, comme autrefois noblesse. La force est la noblesse du corps.

11. L'homme fort qui, au lieu de travailler, vit du labeur des autres, est un déserteur qu'il faut ramener sous les drapeaux.

12. Avant peu, la société ne comprendra plus l'oisif. Son his-

toire honteuse sera reléguée dans les légendes du passé. Les générations futures n'y croiront pas.

13. En fait d'économie politique et sociale, on peut affirmer que le mot TRAVAIL résume toute la loi.

14. Si le catholicisme a dit : « Hors de l'Eglise pas de salut, » on peut dire avec beaucoup plus de raison : « Hors du travail pas de salut, au point de vue social, et ajoutons au point de vue religieux, car, hors du travail, il n'y a point de religion. »

15. Inutile sur la terre, et fardeau honteux pour ceux qui l'entretiennent, celui qui ne travaille pas n'aime pas son prochain, car le travail est à la fois une prière et un acte d'amour.

16. Le travailleur régénéré sera le saint de l'avenir. Le produit de son travail est l'hostie dans laquelle on retrouve et sa chair et son sang.

17. Car le laboureur, en rompant le pain qu'il offre à ses hôtes, peut dire : « Prenez et mangez, ceci est ma chair ; » et le vigneron, en versant le vin dans la coupe : « Prenez et buvez, ceci est mon sang. »

18. Dans la création du produit, le travailleur est à la fois le sacrificateur et la victime.

19. Le travail, par ses produits, fait communier tous les hommes entre eux. Il est à la fois le lien social et religieux de l'humanité. Les fainéants sont les hérétiques. Ils rentreront dans le giron de l'Eglise par le travail.

20. Celui qui gaspille en de viles orgies les produits du travail d'autrui, commet un sacrilège. Il doit être excommunié d'une société dont il est l'opprobre et le fardeau.

21. Qu'il rentre dans sa conscience, et il verra que ces richesses dont il fait un si mauvais usage proviennent d'un impôt prélevé sur le travailleur.

22. Or le travailleur a droit au fruit de son travail, à tout le fruit de son travail, sans que nul ait le droit de le soumettre à un impôt quelconque dans le but de l'appliquer à son bénéfice personnel.

23. L'impôt, en effet, tel que la science le conçoit, est un prélèvement fait sur le travail de tous pour former un fonds commun qui sera employé au bénéfice de ceux qui l'ont payé.

24. Pour que l'impôt soit légitime, il doit avoir été librement consenti et avoir une destination sociale.

25. Ainsi l'impôt est une prime d'assurance quand il sert à solder les armées de terre et de mer chargées de nous défendre l'invasion ou vol extérieur, et

quand il est employé à payer ceux qui défendent nos personnes et nos biens contre le vol intérieur.

26. Il perd son caractère d'assurance quand il sert à construire des routes, des chemins de fer, des canaux et autres travaux d'utilité générale, et encore lorsqu'il est employé à solder les dépenses de l'instruction publique. Dans ces cas, l'Etat n'est plus un assureur, mais un véritable producteur ; il est la nation tout entière se faisant producteur collectif.

27. Mais si un impôt est prélevé par un particulier à son bénéfice personnel, il diminue d'autant les ressources de ceux qui l'ont payé sans qu'ils reçoivent aucune compensation. Dans ce cas, il est illégal, oppressif ; il a le caractère de l'exaction antique du vainqueur sur le vaincu. C'est pourquoi il doit être supprimé.

IV

L'IMPOT MERCANTILE
INDUSTRIEL ET CAPITALISTE

Le produit offert à la vente vaut ce qu'il a coûté à produire, augmenté des frais de transport et de ceux que comporte sa distribution aux consommateurs.

2. Tel est son prix, et il n'en a pas d'autre.

3. Mais si le marchand prélève plus qu'il ne dépense pour ses frais de distribution, sous prétexte qu'il doit obtenir une rétribution supérieure à laquelle il donne le nom de *gain ou bénéfice*, alors il n'est plus simplement un distributeur, mais bien un *percepteur de l'impôt mercantile* auquel il a soumis ses clients, convertis malgré eux en contribuables.

4. Il s'attribue la propriété de cet impôt, oubliant que tout impôt doit être employé au profit de celui qui l'a payé.

5. Il dit : « Il faut bien que je me fasse des ressources pour mes vieux jours, que je dote mes enfants, que je les mette à même de vivre de leurs rentes. »

6. Son raisonnement serait juste s'il n'établissait pas sa fortune sur la ruine du prochain, puisqu'il prélève sur autrui un impôt qui ne devait pas lui appartenir, à lui simple distributeur.

7. Et de même, dans l'industrie, font les patrons et les capitalistes dont la fortune est le produit du prélèvement journalier fait sur les ouvriers. Le patron a droit à la rétribution de son travail personnel, à ce qui est nécessaire pour payer les frais généraux, pour l'entretien du matériel qui s'use et pour couvrir les risques. Le surplus

appartient à la collectivité des travailleurs qui ont créé le produit, le patron compris.

Et, pour faire entre eux une répartition équitable, on obéira à la loi de justice qui dit : « A chacun selon sa capacité ; à chaque capacité selon ses œuvres. »

8. Ainsi le producteur et le consommateur sont appauvris de tout ce que le marchand ou distributeur prélève sur eux, en sus des frais de distribution, pour se créer une fortune à part; l'ouvrier est appauvri de tout ce que le patron et le capitaliste prélèvent, en sus des frais de production, pour se constituer également une fortune personnelle.

9. Il faudra refaire l'entendement humain, faussé par les doctrines des vieux âges, pour faire admettre dans la loi de l'avenir ces vérités économiques élémentaires qui sont la base de toute société régulière.

10. Et l'impôt mercantile, auquel nous ajouterons l'impôt du patron et celui du banquier, s'élève avec eux pour la France seule, chaque année, à près de cinq milliards, ce qui fait le double de ce que demande le gouvernement pour suffire à toutes les charges de l'Etat.

11. Ces impôts illégaux, ajoutés aux contributions légales, forment un total de 7 milliards, soit la moitié du revenu de la France, qui est de 12 à 15 milliards.

12. Ne cherche pas ailleurs, Servus, la cause des révolutions qui reviennent périodiquement, et toujours plus graves, comme les accès d'une fièvre intermittente pernicieuse.

13. C'est que toutes les sociétés, rongées par des millions de parasites, doivent s'en débarrasser ou périr. Nous sommes au moment de la crise suprême. Si nous succombons, l'humanité, ayant reculé vers la bête, devra reprendre sa croix et parcourir de nouveau les stations successives de la voie douloureuse qu'elle parcourt depuis le commencement des âges.

14. Suppose les impôts parasitiques supprimés, et la masse de notre nation sera enrichie du montant de ces impôts, dont la somme annuelle s'élève de 4 à cinq milliards ; on ne saurait trop le répéter.

15. Faisant un emploi social de cette immense ressource.

1° On donnera une éducation suffisante à tous les enfants, indistinctement, donnant l'instruction supérieure aux plus intelligents, et non aux plus riches. Il en résultera un grand avantage pour la nation, car l'homme instruit et bien élevé est plus moral, produit plus et mieux que l'ignorant Les hommes de génie ne resteront plus inconnus, et ce, au grand dommage de l'humanité tout entière ;

2° Se rappelànt que, lors du massacre des innocents, on tua seulement les enfants mâles, soit environ la moitié, on se hâtera de fermer les maisons qui recoivent les enfants assistés, c'est-à-dire secourus, où la mortalité, la première année, s'élève à 60, 70 et même 90 sur 100.

Ces enfants, restant dans les familles, jouiront de plus de bien-être que n'en ont aujourd'hui les enfants des riches.

On arrêtera ainsi le mouvement de recul qui se manifeste dans la population française et qui contraste si tristement avec l'augmentation de population que l'on remarque chez les populations rivales ;

3° On donnera, sous forme de retraite, un revenu suffisant aux veuves, aux infirmes, aux vieillards, à tous les nobles invalides du travail productif, et l'on fermera les hospices et les dépôts de mendicité, prisons déguisées dans lesquelles entrent avec effroi ceux qui, pressurés par l'impôt mercantile, industriel et capitaliste, n'ont pu que vivre au jour le jour au temps où ils étaient dans la puissance de travailler ;

4° La société, solidarisant tous ses membres, les défendra contre cet ennemi public qu'on appelle à tort : le hasard.

Il n'y a pas de hasard, mais des chances de risques produites par de mauvaises combinaisons sociales.

Si la mortalité, aux Champs-Elysées, est moitié moindre qu'au quartier Saint-Marceau, ce n'est pas l'effet du hasard. Richesse et santé sont d'un côté, misère et maladie sont de l'autre : voilà tout.

Les inondations, la sécheresse prolongée, la maladie des végétaux et les épizooties ne sont pas l'effet du hasard, mais le résultat de la destruction des forêts, des cultures anarchiques, de la mauvaise nourriture et des logements insalubres donnés aux animaux.

Le hasard n'existe pas ; mais l'homme fonctionnant dans le mal, se prépare à lui-même son châtiment, qu'il attribue à tort au hasard et à la malédiction divine. C'est lui qui se maudit ; c'est lui qui se punit.

Par l'assurance mutuelle la société prendra à sa charge les frais de maladie, en y comprenant une subvention pour faire vivre le malade et sa jeune famille. Elle pourvoira largement aux frais de la convalescence.

Elle assurera ses membres contre les résultats déplorables

pour les survivants que cause la mort avant l'âge, contre les accidents qui peuvent amener des infirmités s'opposant plus ou moins à un travail fructueux.

Par une bonne hygiène publique elle fera successivement disparaître les épidémies qui sont causées par le désordre matériel que le chaos social maintient sur la planète ;

5° Le système d'assurances mutuelles sera appliqué aux incendies, à la grêle, à la gelée, aux inondations, à la sécheresse trop prolongée, à la maladie des cultures, à celle des animaux domestiques, en un mot à tous les cas de force majeure qui ruinent l'homme isolé et qui se feront à peine sentir à l'humanité fortement unie par un lien solidaire.

16 Car il n'est pas bon que l'homme soit seul. L'humanité n'a pas trop de tous ses membres ligués pour lutter contre les fléaux auxquels a donné naissance l'insolidarité, qui est le chaos, qui est le hasard, qui est Satan, qui est le mal.

17 Aujourd'hui peuvent seulement s'assurer ceux qui ont un revenu permettant un prélèvement quelconque. L'humble travailleur, celui qui court le plus de risques, ne peut rien verser dans la caisse de la solidarité. Il a contre lui toutes les mauvaises chances, et, pour la fin de ses jours, le dépôt de mendicité en perspective.

18 Le BUDGET DE LA SOLIDARITÉ mettra fin à toutes les misères non méritées et à ce tourment de tous les instants qui s'appelle l'inquiétude du lendemain. Il montera à un chiffre de beaucoup inférieur aux 4 ou 5 milliards que le parasitisme prélève sur nous chaque année.

V.

RÉALISATION DE LA LOI SOCIALE.

Tu le vois, Servus, la question du bonheur pour tous, de la moralisation pour tous, de l'égalité effective des droits et des devoirs pour tous, est une question de rectification de budget.

2 Il faut expurger le budget social, en supprimer tous les impôts prélevés par quelques-uns à leur bénéfice personnel et au détriment de tous;

Et, avec les économies ainsi réalisées, constituer le *budget de la solidarité*.

3 Alors, comme il n'y aura ni opprimés, ni oppresseurs, que la pauvreté, la maladie et la mort avant l'âge auront cessé d'être le lot du travailleur, l'ère des révolutions, des haines séculaires et fratricides sera close pour toujours; tu ne connaîtras plus alors d'autres luttes que

celle du travail contre la misère.

4 Il dépend de toi, Servus, d'introniser sur la terre, par la justice, l'ère de la paix universelle.

5 C'est pourquoi, attaque avec vigueur les impôts parasitiques qui sont : l'impôt industriel, l'impôt mercantile, l'impôt capitaliste.

6 Employé dans une manufacture, qu'es-tu? Un outil, au lieu d'être un homme.

7 Et l'outil a l'avantage sur toi de ne pas manger, de ne pas se vêtir, de n'avoir pas froid, d'être insensible, de ne pas avoir de famille, de ne pas penser surtout : là est l'important.

8 C'est pourquoi l'outil, docile comme l'agneau, travaille plus économiquement que toi, et c'est pourquoi on le préfère à toi quand il peut faire ton travail.

9 Tu as encore pour concurrents les forces naturelles, qui ne demandent aucun salaire, et qui sont : le vent, la chute d'eau, le fleuve, ce puissant porteur. De même, les forces industrielles, telles que la vapeur et l'électricité, travaillent à meilleur compte que toi et ne se mettent jamais en grève. Enfin, le cheval, le bœuf et l'âne, plus vigoureux et moins exigeants, travaillent plus et dépensent moins que toi. Après leur mort, on les mange et l'on tire parti de leurs débris.

10 Tu es donc vaincu dans ta lutte inégale contre les forces naturelles, inorganiques ou vivantes, et contre les forces que tu crées toi-même.

11 C'est que, en effet, tu dois être avant tout l'intelligence qui dirige, et non la force brutale et aveugle qui agit.

12 C'est pourquoi les instruments de travail, qui sont aujourd'hui en la possession de quelques-uns, doivent appartenir aux travailleurs en général, groupés selon leur profession et selon les conditions locales de la production.

13 Alors ces instruments seront tes serviteurs et ne te feront plus une concurrence désastreuse.

14 Empare-toi donc des instruments de travail en opérant par voie de rachat, en évitant toute violence, en procédant comme on le fait dans l'expropriation pour cause d'utilité publique.

15 Et quelle plus grande utilité publique peut-il y avoir qu'une transformation du travail national qui doit te faire passer de l'état de chose sans volonté ni spontanéité à l'état d'homme libre et clore à jamais l'ère des révolutions sanglantes!

16 Où trouverai-je, me dis-tu, les fonds nécessaires pour opérer le rachat ou pour élever une usine

à côté de celle que je vais abandonner ?

17 Dans l'épargne sur ton salaire, en retranchant avec soin toute dépense qui n'est pas absolument nécessaire.

18 Sais-tu que les travailleurs dépensent, en France seulement, pour 400 millions de tabac par an, ce qui fait 4 milliards en dix ans et 8 milliards depuis 1848, année de ton affranchissement politique par l'institution du suffrage universel ?

19 Mais 8 milliards convertis en fumée font à peu près quarante-quatre fois le capital de la Banque de France, qui est de 182 millions.

20 Si aux 400 millions de tabac tu ajoute l'eau-de-vie, les liqueurs, l'absinthe, qui te rend fou, tu verras que tu dépenses inutilement 1 milliard par an.

Songe que tout l'argent et tout l'or monnoyés que possède la nation passent plusieurs fois en tes mains dans le cours d'une année, à titre de salaire.

21 Tu peux donc, par l'épargne, constituer le capital de ta libération. Alors tu n'auras plus au-dessus de toi un maître prélevant sur ton travail, et à son propre bénéfice, cette épargne que, jusqu'à présent, tu n'as su faire pour ton compte.

22 Possesseur et possesseur légitime de tes instruments de travail, tu resteras maître de tes produits jusqu'à la vente directe aux consommateurs. Ainsi tu échapperas à la tyrannie des marchands, des commissionnaires, des spéculateurs de tous genres et variétés qui pressurent à la fois producteurs et consommateurs. Ainsi tu expurgeras le budget social des impôts parasites prélevés par quelques-uns sur l'ensemble des citoyens.

23 Le salut est dans cette opération, et il n'y a pas de salut hors de cette opération.

24 Pour vendre tes produits, organise des agences coopératives partout où besoin sera. Tu choisiras toi-même le personnel de ces agences, en introduisant dans les affaires le vote universel, que tu as déjà introduit dans la politique.

25 Ces agences recevront tes produits en consignation et te donneront une reconnaissance négociable avec laquelle tu te procureras ce dont tu auras besoin.

26 Mais, comme tu es à la fois producteur et consommateur, elles se chargeront en même temps de faire venir dans la commune que tu habites les objets nécessaires à la consommation locale. Elles les recevront, autant que possible, en consignation.

27 Il y aura échange direct

BIBLIOTHÈQUE NATIONALE R.F.

des produits contre les produits. L'argent, ce tyran qui s'impose dans toutes les transactions, ne figurera plus que comme appoint.

28. Humble quand on n'aura plus besoin de lui, il redeviendra ce qu'il est en réalité, une marchandise précieuse, rien de plus.

29. L'argent ayant perdu son privilége, on ne lui payera plus cette redevance de l'esclavage qui s'appelle l'intérêt.

30. Et alors sera à peu près détruit le droit à l'oisiveté, dernier vestige de la société antique basée sur l'esclavage, lui-même assis sur l'ignorance des masses.

31. Ainsi, Servus, pour me résumer, la science économique, science née d'hier, mais certaine comme les mathématiques, te propose, pour échapper aux impôts illégaux, l'application du mode coopératif dans toutes les relations sociales :

1° Epargnes collectives servant d'abord à constituer parmi les travailleurs des caisses de prêt et de secours mutuels ; puis, quand elles auront atteint un chiffre suffisant, employées à acheter les instruments de travail et les matières premières nécessaires aux travailleurs groupés en associations coopératives de production ;

2° Organisation coopérative de la circulation et de la distribution des produits par voie de l'échange direct. Les mandataires, toujours révocables, chargés de ces fonctions, seront élus par tous les intéressés, qui introduiront ainsi le vote universel dans l'organisation du commerce, aujourd'hui non contrôlé et constitué despotiquement ;

3° Organisation de la *solidarité contre le mal* par l'assurance mutuelle appliquée à tous les sinistres pouvant atteindre les assurés dans leur personne et dans leurs biens ;

4° L'homme étant d'autant plus moral et produisant d'autant mieux qu'il est plus instruit, éducation obligatoire et *gratuite*, dans ce sens qu'elle sera payée par la société tout entière, au lieu de péser seulement sur les pères de famille, qui ont bien d'autres charges ;

Le mariage, abandonné aujourd'hui pour le célibat ou *stérilité volontaire,* qui donne naissance à la prostitution, redeviendra en honneur. Ainsi sera arrêté le mouvement de recul qui se manifeste dans la population de notre pays et sonne le glas funèbre de notre décadence politique et sociale ;

5° Création de bibltothèques ; organisation de cours dans lesquels on délivrera ton cerveau de l'épaisse couche d'ignorance qui empêche la lumière d'y pénétrer ;

6° Exécution par les armées industrielles de grands travaux publics ayant pour but de parer aux désordres que les cultures anarchiques ont causés sur la planète et d'exécuter toute entreprise qui, étant d'utilité générale et devant profiter à tous, doit être payée par tous.

32. Et la coopération étant universellement appliquée, l'ordre sera rétabli sur la planète par la réalisation de la Justice.

33. Telle est la loi sociale de l'avenir. A toi, Servus, à toi, le souverain réel dans les jours futurs, d'en conquérir l'application.

34. Crée donc ton budget coopératif par l'épargne, et instruis-toi par l'étude, afin que tu saches employer à ton avantage ces ressources lentement et péniblement amassées.

35. Mais si tu ne sais pas te priver, si tu ne peut consacrer à ta libération le prix d'un mauvais cigare et d'un verre de vin frelaté, alors tu es esclave par le cœur. Indigne de la liberté, tu dois, comme le bœuf et l'âne, tes égaux et tes concurrents, porter le licol et mourir à la peine.

36. Car la liberté est un fardeau trop lourd pour celui qui a conservé les mœurs de la servitude. Elle est un instrument dangereux entre les mains de celui qui ne sais pas s'en servir

et ne tarde pas à blesser l'homme qui est indigne de la posséder.

37. La liberté ne se donne pas. Elle se conquiert par le sacrifice.

38. Le despotisme dans l'Etat, comme le despotisme dans l'atelier et dans la boutique, c'est la liberté de tous absorbée dans la liberté d'un seul, qui s'est arrogé le droit de tout faire sans contrôle.

39. Le patron dans son usine, le marchand dans sa boutique, disent comme Louis XIV : « L'Etat c'est moi. » Aujourd'hui, au point de vue politique, l'Etat, c'est la nation ; demain, si tu le veux, Servus, il en sera de même aux points de vue commercial et industriel.

40 Le travailleur a la loi industrielle qu'il mérite. Il sera maître dans l'atelier quand il vaudra mieux que le patron. Sa libération est une question de moralité.

41 La liberté est aux forts; est fort qui sait se gouverner.

42 On est ce qu'on veut être. Abandonne le cabaret pour l'école, tu deviendras un homme; solidarise-toi, tu seras libre.

43 Le salut de tous se fera par l'action de tous. Le temps des sauveurs individuels est passé. L'humanité doit être à elle-même son sauveur collectif.

La solidarité par la coopération, c'est le salut, et puisque c'est le salut, c'est la loi sociale de l'avenir.

44 Car l'humanité doit échapper au mal dès ce bas monde. Elle sera bonne, juste, heureuse, en un mot, transfigurée, le jour où elle le voudra fermement.

45 Aujourd'hui, c'est la foi au bien qui lui manque. Elle a trop vécu dans le mal pour croire au bien. Il y a plus de désespoir que de méchanceté native chez les hommes qui font le mal.

46 Le séjour de l'homme au cabaret et la prostitution de la femme sont des actes de désespoir.

47 Mais prends courage, Ser-

vus, la terre n'est pas maudite, la terre n'est pas chassée du ciel.

Elle y a sa place comme ces milliards de soleils resplendissants qui illuminent les espaces infinis, et comme ces trillards de planètes, ses sœurs, qui gravitent autour d'eux en obéissant à la loi souveraine de l'attraction universelle.

48 L'amour est la loi des mondes. A toi, Servus, à toi et à tes frères dans le travail et la douleur, d'en faire bientôt la loi de notre globe régénéré.

Dis : « Je veux », et ce sera.

GALLUS.

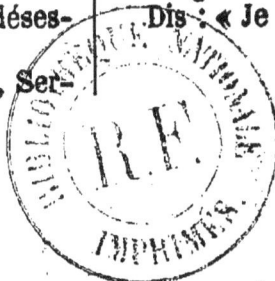

Paris. — Assoc. générale typogr., Faub.-St-Denis, 19

www.ingramcontent.com/pod-product-compliance
Lightning Source LLC
Chambersburg PA
CBHW050451210326
41520CB00019B/6163